AutorenBrücke

An den Leser

Ihre Meinung interessiert mich!

Diskutieren Sie Ihre Meinung mit mir. Ob Pro oder Contra, ob begeistert oder gelangweilt, lassen Sie mich Ihre persönliche Meinung zu den einzelnen Themenblöcken wissen. Ich freue mich auf einen regen Meinungsaustausch unter

www.autorenbruecke.de
infa@autorenbruecke.de

Ihr

Peter Schmidt

Lebenselixier

„Arbeit"

Geliebt
Gehasst
Unverzichtbar
Und oft grottenschlecht vergütet!

Peter Schmidt

Zum Inhalt

Was verbirgt sich konkret hinter dem Begriff „Arbeit“? Welchen Stellenwert nimmt der Faktor Arbeit in unserem Leben und in unserer Gesellschaft ein? Inwieweit wird Arbeitsleistung angemessen vergütet und inwiefern stellt „Arbeit“ daher die entscheidende Schlüsselfunktion für ein selbstbestimmtes und glückliches Leben dar?

Impressum

Texte: © Copyright by Peter Schmidt
Umschlag: © 2023 Copyright by Verlag Alfred Schmidt, Heidelberg, www.autorenbruecke.de
info@autorenbruecke.de
Druck: Baier Digitaldruck, Heidelberg

 Ein Titeldatensatz für diese Publikation ist bei der Deutschen Nationalbibliothek erhältlich.

ISBN 978-3-945522-02-8

Printed in Germany

Inhaltsverzeichnis

Die Versprechen unseres Gesellschaftsvertrages und unseres Grundgesetzes.

Im Grunde genommen lassen sich die im Grundgesetz, also unserer Verfassung festgelegten Rechte und Pflichten in 3 einfachen Sätzen zusammenfassen.

1. Der Staat soll sicherstellen, dass alle Staatsbürger Deutschlands ein selbstbestimmtes Leben in Sicherheit und Freiheit führen können. Dazu muss er, durch die Festlegung entsprechender Rahmenbedingungen, jedem Bürger ermöglichen - entsprechend seinen physikalischen und psychischen Möglichkeiten - einen menschenwürdigen Lebensstandard erreichen zu können.

2. Er soll alle Bürger davor schützen im täglichen Alltag übervorteilt und systemisch benachteiligt zu werden oder durch fremde Einwirkung Schaden an Leib und Seele zu nehmen.

3. Er soll in allen Landesteilen gleichwertige Lebensverhältnisse und damit Chancengleichheit sicherstellen.

Im Gegenzug haben wir uns dazu verpflichtet, diese Vorgaben auch selbst einzuhalten und deren Umsetzung aktiv zu unterstützen. Gleichzeitig haben wir zugestimmt, dass letztendlich jeder eigenverantwortlich für sich selbst entscheidet, welcher Lebensstandard mit welchem Arbeitseinsatz erreicht werden will.

Diese Kurzfassung unserer Verfassung kommt m.E. auch im Amtseid der gewählten oder ernannten Amtsinhaber wieder, der da lautet:

„Ich schwöre, dass ich meine Kraft dem Wohle des deutschen Volkes widmen, seinen Nutzen mehren, Schaden von ihm wenden, das Grundgesetz und die Gesetze des Bundes wahren und verteidigen, meine Pflichten gewissenhaft erfüllen und Gerechtigkeit gegen jedermann üben werde. (So wahr mir Gott helfe.)“

Im Mittelpunkt aller staatlichen und gesellschaftlichen Aktivitäten steht also allein das Wohl der auf dem eigenen Staatsgebiet lebenden Menschen. Was bedeutet dies im Hinblick auf die Stellung des Faktors „ Arbeit“ in unserer Gesellschaft?

Arbeit – das unbekannte Wesen?

Gemäß der physikalischen Definition von Arbeit, ist jede Veränderung der Energiemenge in einem System Arbeit.

Aufbauend auf dieser Definition bedeutet dies, dass uns „Arbeit“ von Beginn der Zeugung bis zu unserem Tode in jeder Sekunde wenn auch in unterschiedlicher Intensität, in unterschiedlichster Form und in den unterschiedlichsten Situationen unseres Lebens begleitet, ja dass sie sogar die Voraussetzung für unser „Leben“ überhaupt ist.

Trotz dieser überragenden Bedeutung des Faktors „Arbeit“ während unseres Daseins auf Erden, ist es aber erstaunlicherweise selbst im 21. Jahrhundert bisher noch keiner Gesellschaft gelungen im sozio-kulturellen Bereich des Biowesens „Mensch“ für den Faktor „Arbeit“ eine allgemeine, gesellschaftlich verbindliche Definition von „Arbeit“ und deren gesellschaftlichen Stellenwert zu finden bzw. mit der physikalischen Definition in Einklang zu bringen.

Der Begriff „Arbeit“ – geprägt durch babylonische Sprachverwirrung

Grundsätzlich kann basierend auf der physikalischen Definition von Arbeit jegliche unbewusste, bewusste, schöpferische Auseinandersetzung des Menschen mit der Natur und Gesellschaft als Arbeit eingestuft werden.

Tatsächlich gibt es im Alltag für den Begriff „Arbeit“ im sozio-kulturellen und gesellschaftlichen Bereich nicht die eine allgemein gültige eindeutige Definition. Stattdessen sind dafür jede Menge unterschiedlichster Zuordnungen im Umlauf. Die im Umlauf befindlichen Definitionen spannen dabei einen weiten Bogen über unterschiedlichste philosophische, moralische und ökonomisch geprägte Inhalte.

Für den einen ist es eine Tätigkeit zur Einkommenserzielung bzw. zur Existenzsicherung oder die Erwerbsarbeit von abhängig Beschäftigten gegen Bezahlung. Für den anderen ist es eine zielgerichtete, planmäßige körperliche oder geistige Tätigkeit im Wettstreit mit der Evolution.

Andere wiederum verschmelzen den Begriff mit der schöpferischen Auseinandersetzung des Menschen mit seiner Umwelt. Für die Philosophie verbirgt sich dahinter die schöpferische Kreativität des Menschen in all ihren Ausprägungen.

Die Betriebswirtschaftslehre sieht darin dagegen eine ziel- und planmäßige Tätigkeit des Menschen und klassifiziert ihn gleichzeitig als einen der drei wesentlichen Produktionsfaktoren für die Bereitstellung von Gütern und Dienstleistungen.

Die Volkswirtschaftslehre andererseits sieht in „Arbeit“ beim Menschen einfach eine auf reine Erwerbstätigkeit zur Einkommenserzielung reduzierte Beschäftigung und betrachtet den Menschen letztendlich nur als Produktionsfaktor, der sich durch mathematische Formeln errechnet und mit den sich daraus folgenden Ergebnissen als anonymes Zahlenwerk im Bruttoinlandsprodukt wiederfindet.

Obwohl sich alle Definitionen auf den Begriff „Arbeit“ beziehen, liegen sie inhaltlich z. T. meilenweit auseinander. Überraschenderweise beziehen sich auch alle Positionen jeweils nur auf einzelne Teilbereiche der gesellschaftlichen Wirkung des Faktors Arbeit. Eine ganzheitliche Betrachtung insbesondere im Hinblick auf den Einfluss auf die sozio-kulturelle Entwicklung des im Zentrum aller Betrachtungen stehenden Bio-Wesens „Mensch“ wird, wenn überhaupt, nur rudimentär vorgenommen. Diese kleinteilige Betrachtung in Verbindung mit der stark ausgeprägten Überzeugung, dass die eigene Definition die allein selig machende ist, führt fast unaufhaltsam zu einem Effekt vergleichbar mit der babylonischen Sprachverwirrung. Mit der Konsequenz, dass wir, obwohl wir alle die gleiche Sprache sprechen und über den gleichen Begriff „Arbeit“ sprechen, aneinander vorbeireden. Und dies obwohl die physikalische Definition von Arbeit sehr klar und prägnant ist.

Historische Entwicklung

Zu Beginn der menschlichen Existenz gab es keinerlei unterschiedliche Zuordnungen zu der erst sich viel später entwickelnden Definition des Begriffes „Arbeit“. Jede sich heute unter diesem Begriff findende Art der Tätigkeit waren strikte Notwendigkeiten des täglichen Überlebens und der Existenzsicherung. Eine ausführliche Diskussion über Aufgabenverteilung oder sich zwangsläufig ergebender Hierarchien wäre im täglichen Überlebenskampf tödlich gewesen. Jeder tat einfach alles was nötig war, um zu überleben oder der Familie oder Gruppe das Überleben zu sichern. Und das Ergebnis dieser Zusammenarbeit wurde in erster Linie auf Basis der Sicherung der Überlebensfähigkeit jedes Mitgliedes verteilt.

Eine deutliche Verschiebung dieser ursprünglich ziemlich gerecht austarierten Teilhabe ergab sich erst im Laufe eines kontinuierlich stattfindenden Bevölkerungswachstums. Durch das Anwachsen bisheriger Kleinfamilien zu Großfamilien, zu Dorfgemeinschaften, Clans, bzw. anderen größeren Gemeinschaften ergaben sich zwangsläufig neue Anforderungen bezüglich der ausreichenden Nahrungsversorgung, der Verteilungsgerechtigkeit und der Entscheidungsstrukturen. Diese neuen Anforderungen legten die Basis für die künftige, jahrtausendlang vorherrschende Organisationsform von größeren Gemeinschaften. Die Regierungsform, „ die Macht des Stärkeren bzw. des Cleveren“, war geboren.

Bedingt durch das starke Bevölkerungswachstum kam es inzwischen auch vermehrt zu ungeplanten Begegnungen mit anderen Menschen. Da die Gruppen in der Regel die gleichen knappen Ressourcen vor Ort nutzen wollten und das Misstrauen gegenüber anderen Gruppen grundsätzlich sehr hoch war, wurde die Nutzungsfrage meistens durch Kampf auf Leben und Tod entschieden. Die evolutionär bedingte erforderliche gewaltsame Auseinandersetzung um Ressourcen führte zur nachhaltigen Verfestigung des Regierungsprinzips „ die Macht des Stärkeren“, war sie doch der stärkste Garant für ein Überleben in einer gewaltgeprägten, gefährlichen Umwelt. Und dieses Regierungsprinzip hat Jahrtausende lang bis in die Gegenwart über die Geschicke der Menschheit entschieden.

Unabhängig von der Regierungsform, egal ob Diktatur, Autokratie, Königreich oder Demokratie stellt das Sprichwort „Geld regiert die Welt" äußerst prägnant die wirklichen Lenker und Entscheidungsträger des Weltgeschehens ins Scheinwerferlicht. Die Entscheidungen dieser zwar kleinen, aber extrem einflussreichen Personengruppe waren zu keinem Zeitpunkt darauf ausgerichtet das Gemeinwohl bzw. den Lebensstandard der breiten Bevölkerung zu erhöhen, sondern dienten nur dem Ziel das eigene Vermögen abzusichern und weiter zu erhöhen. Die erfolgreiche Umsetzung dieser Zielsetzung und die gesellschaftliche Ordnungsmacht dieser Kapitalelite spiegeln sich sehr deutlich in dem nach wie vor geringen Stellenwert, den der Faktor „Arbeit" immer noch weltweit in allen Gesellschaften einnimmt, wider.

Das 3 - Schichtenmodell der Arbeit - Klassifizierungsmerkmale

Trotz all dieser unterschiedlichen Vorstellungen über die Einordnung von „Arbeit" lassen sich daraus in einer ersten Näherung zumindest drei wesentliche Gruppen Klassifizierungen ableiten, die sich auch weitgehendst mit dem in der Bevölkerung vorhandenen Meinungsbild decken.

Die erste Gruppe (Tätigkeiten der eigenen Pflege von Körper, Geist und Psyche) umfasst die Arten von Beschäftigung, die auf die Befriedigung persönlicher Bedürfnisse wie Spiel, Sport, Kultur, Familie etc. ausgerichtet ist und deshalb ohne „Wenn und Aber" nicht als Arbeit eingestuft wird.

Ganz anders verhält es sich bei der zweiten Gruppe. Der Nutzen ihrer Tätigkeiten kommt nicht ihnen selbst, sondern ausschließlich anderen Personen zu Gute und die Erbringer dieser Leistungen erhalten dafür keinerlei monetäre Vergütung. Gemeint sind hier all die Tätigkeiten, die ehrenamtlich oder aus anderen gesellschaftlichen Gründen (Kindererziehung, Elternpflege,

Vereinstätigkeit etc.) zum Nutzen der Gesellschaft/Allgemeinheit ohne Vergütung (unentgeltliche Arbeit) erbracht werden.

Die Bedeutung dieser Art von Tätigkeiten wird zwar, immer wenn es um das soziale Image in der Öffentlichkeit geht, von Politik und Gesellschaft als wichtiger, unverzichtbarer Bestandteil eines funktionierenden Sozialwesens hervorgehoben.

Mit Blick auf die Auswirkungen dieser publikumswirksamen Würdigung dieser Tätigkeiten wird schnell klar, dass es sich dabei nur um nur substanzlose Lippenbekenntnisse handelt, die im praktischen Alltag keinen wirklich unterstützenden Widerhall finden. Im Gegenteil. All diese Tätigkeiten erhalten in unserer Gesellschaft nüchtern betrachtet äußerst wenig Wertschätzung.

Im günstigsten Falle gibt es dafür einen zufallsbedingten Handschlag irgendeines Bundes-, Minister- oder Vereinspräsidenten und eine Urkunde, die in der Regel kurz danach in irgendeiner Schublade verschwindet und nach dem Ableben des Geehrten als „hochgeschätzter Teil" des den Erben überlassenen Nachlasses wieder in Erscheinung tritt. Für die meisten Mitbürger ist die kostenlose Erbringung dieser Leistungen dagegen nicht nur eine Selbstverständlichkeit, sondern wird inzwischen sogar immer mehr als ein Ihnen zustehendes Grundrecht eingefordert.

Im krassen Gegensatz dazu steht die alles in den Schatten stellende Bedeutung, die der dritten Gruppe (Tätigkeiten für andere gegen Vergütung), nämlich der Leistungserbringung gleich welcher Art, gegen eine monetäre Vergütung aufgrund eines Beschäftigungsverhältnisses, zugeordnet wird. Voraussetzung für die Zugehörigkeit zu dieser Gruppe, also praktisch der arbeitenden Bevölkerung, ist ausschließlich das Kriterium „Beschäftigungsverhältnis gegen Vergütung“.

Recht auf Arbeit gem. Grundgesetz?

Unser Grundgesetz garantiert das Recht auf freie Berufswahl und den Schutz vor staatlichen Eingriffen in die Berufsausübung. Es enthält aber kein explizites Bürgerrecht auf Arbeit, das vor Gerichten einklagbar wäre. Allerdings hat die Bundesrepublik Deutschland die UNO-Menschenrechtsdeklaration unterzeichnet, die das Recht auf soziale Sicherheit, Arbeit und Wohnung festschreibt, die aber keine rechtlich sondern allenfalls eine moralisch bindende Wirkung erzeugen kann. Aus dem Zusammenwirken der verschiedenen Grundrechte gem. unserem Grundgesetz ergibt sich allerdings ein starkes Mandat für den Staat, durch die Schaffung entsprechender Rahmenbedingungen, dafür zu sorgen, dass es für alle ausreichende Möglichkeiten gibt, sich eine angemessene, menschenwürdige Existenz aufzubauen.

Gerechtigkeitsdefizit der historisch gewachsenen Klassifizierungseinteilung?

Was für Auswirkungen hat die derzeit von unserer Gesellschaft praktizierte Gruppenklassifizierung auf den Einzelnen und die Sozialbindung unserer Gesellschaft?

Inwieweit erfüllt die gegenwärtige Gruppenklassifizierung bezüglich Arbeit die uns per Grundgesetz versprochenen Prinzipien von Gerechtigkeit, Chancengleichheit und Nachhaltigkeit?

Ist der proportionale Anteil des Faktors „Arbeit" an der Wirtschaftsleistung im Vergleich zur Kapitalrendite angemessen und damit fair bewertet?

Welche Spreizung bei leistungsgerechter Vergütung von „Arbeit" ist verantwortbar ohne den sozialen Frieden zu gefährden?

Verdienen die verschiedenen Arbeitsinhalte, je nachdem ob sie zum Wohle des Menschen oder der Erstellung einer Sache erbracht werden, unterschiedliche Wertansätze?

Die Antworten auf diese Fragen werden zeigen, ob mit der gegenwärtig gültigen Zuordnung die Forderungen unseres Grundgesetzes grundsätzlich erfüllt werden können oder ob eine deutliche Veränderung des Bewusstseins für den Stellenwert von „Arbeit“ in unserer Gesellschaft erforderlich ist. Und wenn dies der Fall sein sollte, welche tiefgreifenden Strukturreformen dazu erforderlich sind.

Ausgangsbasis bzw. Bestimmungsfaktoren der derzeit praktizierten Vergütungsstruktur des Faktors „Arbeit“ für die Klasse der „arbeitenden Bevölkerung“ (Gruppe 3)

1. Bestimmungsfaktor Mindestlohn

Entscheidend für die Einkommensverteilung aufgrund von „Arbeit“ sind vor allem die wertmäßige Festsetzung der niedrigsten Eingangsstufe sowie die Spreizung zwischen der niedrigsten (Eingangsstufe) und höchsten Stufe der jeweils angewandten Vergütungstabellen. Die Festlegung der Eingangsstufe in den verschiedenen Tarifvereinbarungen orientiert sich in der Regel an dem gültigen gesetzlichen Mindestlohn von derzeit 12,00 €/Std. und liegt teilweise je nach Branche etwas höher bei 13 – 14 € /Std. Dieser Stundenlohn entspricht bei einer 40 Std. Woche einem Brutto Monatslohn von 2000 – 2400 €.

Da demnach anscheinend die Festlegung des Mindestlohnes indirekt den Dreh-und Angelpunkt für die gesamte Tarifbildung darstellt, richtet sich aller Augenmerk auf die Frage, nach welchen Kriterien der Mindestlohn bundesweit festgelegt wird.

Dazu gibt es eine unabhängige Mindestlohnkommission der Tarifpartner, die prüft, welche Mindestlohnhöhe einen angemessenen Mindestschutz für die Beschäftigten bietet, faire Wettbewerbsbedingungen ermöglicht und die Beschäftigung nicht gefährdet. Sie orientiert sich bei ihrer Entscheidung an der Entwicklung der Tarifhöhe in Deutschland. Gleichzeitig soll damit in Erfüllung der Anforderungen des Grundgesetzes und der Allgemeinen Erklärung der Menschenrechte eine angemessene existenzsichernde Entlohnung sichergestellt werden.

Ich weiß nicht, wie es Ihnen geht, wenn Sie die vorgenannten Grundprinzipien für die Festlegung des Mindestlohnes auf sich wirken lassen. Ich habe mir diese Entscheidungsgrundlagen immer wieder durch den Kopf gehen lassen. Trotzdem habe ich nicht nachvollziehen können, wie durch diese Vorgaben eine sachlich fundierte, transparente, für den Durchschnittsbürger nachvollziehbare Festsetzung des Mindestlohnes möglich sein soll.

Die Forderungen, dass der Mindestlohn faire Wettbewerbsbedingungen ermöglichen soll und die Beschäftigung nicht gefährden darf, sind m.E. bei Einhaltung der Forderung nach angemessener existenzsichernder Entlohnung nutzlos und in der Praxis nicht anwendbar. Wie die Bezeichnung Mindestlohn schon aussagt, handelt es sich dabei um den niedrigsten Lohn/ Gehalt der erforderlich ist, eine angemessene Existenzsicherung zu erreichen. Dabei ist zu unterstellen, das eine angemessene Existenzsicherung deutlich über dem Niveau eines Existenzminimums liegen muss.

Der Knackpunkt beim Mindestlohn ist also, zu definieren, anhand welcher konkreten Rahmenbedingungen ein Einkommen für die hier zitierte angemessene Existenzsicherung bei einer Vollzeitbeschäftigung erreicht werden kann.

Was beinhaltet also ein der angemessenen Existenzsicherung dienendes Einkommen auf Basis einer 40 Std. - Woche in unserer heutigen Gesellschaft? Was muss ich mit diesem Einkommen alles für Leistungen bezahlen können bzw. welche Lebensqualität kann ich mir damit leisten? Als Basisgüter gelten ausreichender Wohnraum, die dazu gehörigen Nebenkosten, Lebenshaltungskosten, Mobilitätskosten (z.B. öffentliche Transportmittel), Kommunikationskosten (z.B. Telefon, Internet etc.) Ausgaben für Bekleidung, Fortbildung, Bildung und Kultur (Musik, Theater, etc.), Urlaub, zusätzliche Altersvorsorge, Ansparen für unvorhersehbare, sporadisch anfallende Ausgaben (z.B. Ersatz elektrischer Haushaltsgeräte, Wohnungseinrichtungen, Geschenke, etc.).

Dieser Masse von fast nicht vermeidbaren Ausgaben steht beim derzeit geltenden Mindestlohn von 12,00 € / Std. ca. ein Bruttolohn pro Monat von 2016 € und ca. ein Nettolohn / Monat von rund 1600 € gegenüber. Auf Basis dieses Bruttoeinkommens könnte der Einzelne mit einer Durchschnittsrente von unter 1000 € / Monat rechnen sobald er das Rentenalter erreicht hat.

Diese einfache Darstellung zeigt, dass ein Mindestlohn von 12 € viel zu wenig ist, um sich eine nachhaltige, angemessene Existenzsicherung zu erarbeiten. Der Mindestlohn müsste eher bei 17,00 € / Std. liegen um dem Anspruch nach einer angemessenen Existenzsicherung durch Arbeitseinkommen gerecht zu werden.

Aktuell werden zur Festlegung der Höhe des Mindestlohns in erster Linie nur wirtschaftliche Begründungen herangezogen. Die sich aus dem Grundgesetz ergebenden ethischen, moralischen und gesellschaftlichen Anforderungen werden nahezu vollständig ausgeklammert. Dabei ergibt sich aus dem Grundgesetz bzw. unserem Gesellschaftsvertrag heraus praktisch eine zwingend vorgeschriebene Berücksichtigung der ethischen Vorgaben. Ihre Berücksichtigung hat eindeutig Vorrang vor wirtschaftlichen Erwägungen. Im Umkehrschluss bedeutet dies, dass die Mindestlohnkommission von völlig falschen Grundlagen für die Ermittlung der Höhe des Mindestlohnes ausgeht.

Aus dem ethischen Blickwinkel heraus stellen sich ergänzend zu den rein sachlichen, rechnerischen Argumenten bezüglich eines angemessenen Mindestlohnniveaus fast automatisch folgende Fragen:

a) Wieso rechtfertigt eine Tätigkeit bzw. Beruf wie Reinigungskraft, Kellner, Paketzusteller, Lagerist, Hilfsarbeiter etc. nur einen Mindestlohn von derzeit 12,00 €? Damit kann selbst bei einer wöchentlichen Arbeitszeit von 40/Std. nur ein Einkommen erarbeitet werden, welches das Existenzminimum absichert.

Und dies obwohl alle diese Tätigkeiten einen wesentlichen Bestandteil des jeweiligen Geschäftsmodells darstellen und in der Regel nicht auf diese verzichtet werden kann. Und obwohl für die Ausführung dieser Aufgaben alle erforderlichen Fähigkeiten (wie Sprache, gesunder Menschenverstand, Schulbildung, Arbeitsfähigkeit, Leistungsbereitschaft etc.) vorhanden sind.

Trotz der hohen Bedeutung dieser Arbeitskräfte für den Erfolg des jeweiligen Unternehmens für das sie arbeiten, wird ihnen von ihren Arbeitgebern mit Billigung unserer ganzen Gesellschaft als Gegenleistung nur die Sicherung des Existenzminimums zugestanden. Und damit gleichzeitig alle Hoffnung auf wirtschaftlichen und gesellschaftlichen Aufstieg durch eigene Arbeitsleistung genommen.

b) Wieso betrachten wir die Erbringung dieser Leistungen auf Basis von „Hungerlöhnen" als selbstverständlich, obwohl wir diese anstrengende Arbeit selber nicht machen möchten? Und schon gar nicht dazu unsere gut bezahlte Arbeitszeit reduzieren möchten, um diese Tätigkeiten selbst auszuüben. Und natürlich auch nicht unser Niveau an „Lebensqualität" und die damit verbundene Milieuzugehörigkeit ändern wollen.

c) Wieso sehen wir die in allen Tarifverträgen zu findende bis ca. 4fache (ca. 300 % Aufschlag) Spreizung gegenüber dem Mindestlohn für die von uns ausgeführte Tätigkeit als gerechtfertigt an? Sind wir wirklich so viel besser als der andere, tragen wir wirklich so viel mehr zur Gesellschaftsentwicklung und zum Wohle der Menschen bei?

2. Bestimmungsfaktor „Spreizung der Lohn- und Gehaltstabellen“

Die Spreizung der Stundenlöhne ergibt sich aus einer schwer überschaubaren Einordnung von Ausbildungs- und Studienzeiten, Erfahrung (Wissen/Können/Praxis), Lenk-und Führungsverantwortung, Flexibilität der Arbeitszeiten sowie fachlicher und körperlicher Anforderungen.

Diese sehr komplexe Gliederung führt zu mehreren unterschiedlichsten Lohn- und Gehaltstabellen mit bis zu 20 Abstufungen bis zur höchsten Gehaltsstufe. Außerdem gibt es nahezu für jede Branche bzw. für den öffentlichen Dienst sowie für Beamte wiederum eine sehr unterschiedliche Spreizung der Lohn- und Gehaltstabellen. Und dies obwohl ja die Klassifizierung der unterschiedlichen Stufen der Vergütungstabellen unabhängig von der Branche alle Einstufungsmerkmale enthalten müsste. Ungeachtet aller Branchenunterschiede liegt die höchste Tarifgruppe ca. bei dem 3,5 – 4 fachen (ca. 300% Zuschlag) des derzeit geltenden Mindestlohns.

Bei näherer Betrachtung der unterschiedlichen Branchentarife wird sehr schnell offensichtlich, dass es anscheinend ein ungeschriebenes Gesetz ist, alle Berufsarten die eine Dienstleistung am oder für Menschen erbringen schlechter zu bezahlen als Dienstleistungen die darauf abzielen Vermögen zu mehren, Steuerzahlungen zu vermeiden bzw. einer einzelnen Gruppe besondere Vorteile verschaffen.

3. Lösungsansätze für eine Vergütungsstruktur für Arbeit, welche den Forderungen des Grundgesetzes nach Chancengleichheit, angemessener Existenzsicherung und Schutz des Beschäftigten entspricht.

Durch folgende Maßnahmen könnten die bestehenden gravierendsten Verwerfungen relativ einfach und kurzfristig beseitigt werden.

a) Einigung auf eine Mindestlohnhöhe unter Beachtung der vorgenannten Bestimmungsfaktoren, der eine angemessene Existenzsicherung ermöglicht.

- **Vorschlag: 17,00 € / Std.**

b) Der Mindestlohn gilt künftig in allen Tarifverträgen als Eingangsstufe der Tarif tabellen. und ersetzt damit derzeit noch vorhandene branchenabhängige Mindestlöhne.

c) Streichung der Minijob Arbeitsverhältnisse und sonstiger Sonderarbeitsverhältnisse inkl. Zeitarbeitsverhältnisse. Künftig gibt es nur Standard Arbeitsverhältnisse ohne Ausnahmen, auch bezüglich der geltenden Sozialabgaben. Bei Arbeitsverträgen mit Privathaushalten sind die Abgaben sowohl für den Arbeitnehmer als auch den Arbeitgeber im Rahmen der jährlichen Steuererklärung abzurechnen inklusive der Regelung bezüglich des unbegrenzten Abzugs haushaltsnaher Dienstleistungen.

d) Eine Unterscheidung in Vollzeit- und Teilzeitverträge ergäbe sich nur noch aus der individuell vereinbarten wöchentlichen Arbeitszeit. Da alle anderen Nebenbedingungen künftig gleich wären, würde diese Unterscheidung hinfällig werden. Für die Beendigung des Arbeitsverhältnisses gelten die jeweils vereinbarten Kündigungsfristen.

Die Neudefinition der Stellung eines angemessenen Mindestlohns bzw. der Eingangsstufe der Tarifverträge führt zwangsläufig zu der Frage, inwieweit die nachfolgenden Tarifstufen in ihrem Ansatz und deren zeitlichen Wirkung heute noch zeitgemäß sind und nicht teilweise andere Kriterien (z.B. nachhaltige Fortbildungsmaßnahmen) für eine Gehaltserhöhung maßgeblich sein sollten.

Diese Veränderungen sollten auch dazu führen, dass ideologiefrei darüber nachgedacht wird, wie das komplexe, immer stärker ausufernde Vertragswerk „Tarifverhandlungen und Tarifverträge" wieder vereinfacht und auf ein auch für Laien überschaubares Maß zurück geschraubt werden könnte und dadurch das ganze Vertragswerk deutlich entrümpelt werden würde.

4. Konsequenzen

Dadurch dass sich die Eingangsstufe in den Tarifverträgen mit dem Mindestlohn deckt, entfallen automatisch mehrere Eingruppierungsstufen ohne dass sich dadurch für die restlichen Gruppen systemische Änderungen auf die Lohn- / Gehaltshöhe ergeben müssen. Das einzige was sich damit automatisch ändern würde, wäre das Spreizungsverhältnis innerhalb der Einstufungsgruppen.

Der Verwaltungsaufwand würde sich durch die Abschaffung der verschiedenen Sonderarbeitsverhältnisse enorm reduzieren.

Rund 4,36 Millionen hauptberuflich geringfügig Beschäftigte und damit auch armutsgefährdete Beschäftigte würden sich in Luft auflösen. Die Sozialkassen (RV + KV) würden deutlich entlastet. Die Sozialleistungen des Staates würden sich deutlich reduzieren.

Und vor allen Dingen würde all diesen Menschen ihre Würde zurückgegeben, durch die Gewissheit, dass sie für sich und ihre Familien durch ihren eigenen Arbeitsbeitrag ein menschenwürdiges

Dasein in der Mitte der Gesellschaft gestalten können. Dies gilt, zumindest teilweise, auch für die rund weiteren 3 Millionen Beschäftigten, die in einem Minijob als Nebenerwerb arbeiten. Und sie würden sich damit nachhaltig aus dem Milieu des ewigen Minijober bzw. Geringverdieners (Looser`s) befreien.

5. Ein Wort zum Thema „Arbeitsplatzverluste“ und „nicht tragbare Kostenbelastung“ der Unternehmen.

Bei allen Diskussionen oder Vorträgen, die ich zum Thema „angemessener Mindestlohn“ in den letzten Jahren geführt habe, kamen immer automatisch die berühmt berüchtigten Killerphrasen eines dadurch bedingten dramatischen Arbeitsplatzabbaus bzw. Arbeitsplatzverlagerung und dass diese Kosten von vielen Unternehmen nicht getragen werden könnten.

Sieht man sich im Detail genauer an, für welche Tätigkeiten bzw. Berufsgruppen der Mindestlohn angewendet wird, zeigt sich sehr schnell, dass die so bedrohlich klingenden Argumente eines unvermeidbaren Arbeitsplatzabbaus bzw. der Arbeitsplatzverlagerung reine Phrasendrescherei ist, ohne inhaltliche sachliche Substanz. Der Mindestlohn wird vor allen Dingen für die Berufe Servicekräfte, Reinigungskräfte, Paketzusteller, Lagerarbeiter, Friseure, etc. eingesetzt.

Keine dieser Tätigkeiten kann ins Ausland verlagert werden und auf keine dieser Tätigkeiten kann verzichtet werden. Natürlich kann es in einzelnen Branchen wie Restaurants, Hotels, Wellnessleistungen dazu führen, dass die Frequenz der Inanspruchnahme dieser Leistungen geringer wird, was in der Gesamtwirkung aber sicher vernachlässigt werden kann.

Auch das Argument der zu hohen Kostenbelastung der Unternehmen ist bei näherer Betrachtung nicht stichhaltig. Zum einen gilt grundsätzlich, dass jedes Unternehmen zuerst versuchen wird, Kostensteigerungen über die Preise an den Verbraucher weiter zu geben. Des Weiteren gilt, dass sich die Erhöhung des Mindestlohnes in den produzierenden Unternehmen, den Handelsunternehmen, dem Handwerk, den Onlinegiganten etc., bezogen auf den Umsatz nur geringfügig auswirkt. Hinzu kommt, dass eine Reihe von

Unternehmen, die den Mindestlohn nutzen (z.B. Amazon) enorme Gewinne einfahren, sodass ein durch den Mindestlohn bedingte Zusatzbelastung fast nicht wirksam wird.

Schwieriger wird es sicher in den Bereichen Gastronomie, Reinigungsbetriebe, welche in einigen Abteilungen einen überproportionalen Anteil an Niedriglöhner beschäftigen. Hier wird sich die Erhöhung des Mindestlohns in der vorgeschlagenen Höhe stärker auswirken. Die Konsequenz wird sein, dass der Konsument eben mehr bezahlen muss.

Dabei kann er sich nur zwischen Pest und Cholera entscheiden. Nämlich zum einen, ob er diese Dienstleistung künftig nicht mehr oder weniger oft in Anspruch nimmt. Und dadurch natürlich deutlich an Bequemlichkeit oder Lebensqualität einbüßen würde.

Oder ob er die höheren Preise bezahlt. Und dafür einen besseren Service erhält und mit der Überzeugung nach Hause geht, dass er nicht auf Kosten anderer lebt und seinen Mitmenschen zubilligt, was er für sich selbst auch beansprucht. Nämlich guten Lohn für gute Arbeit.

Ausgangsbasis bzw. Bestimmungsfaktoren der nicht als entlohnungswürdig angesehenen, ehrenamtlich bzw. gesellschaftlich aufgezwungener „Arbeit“ (Gruppe 2)

Bei der Betrachtung dieser Gruppe geht es nicht darum, was ein angemessener Mindestlohn für ihren Beitrag zum Gemeinwohl sein könnte, sondern zuvorderst um die Frage, ob aus ethischer, moralischer und gesellschaftlicher Sicht nicht sogar eine unabdingbare Verpflichtung besteht, auch für diese - für den sozialen Zusammenhalt unserer Gesellschaft so entscheidenden Leistungen -, irgendeine Art der Vergütung zu bezahlen?

Auf diese Frage gibt es keine Einheitslösung, da diese Gruppe in sich nicht homogen ist, sondern sich im Wesentlichen auf zwei unterschiedliche Interessensgruppen aufteilen lässt. Trotzdem bilden bei beiden Interessensgruppen die durch unseren Gesellschaftsvertrag zugesicherten

Grundrechte auf Chancengleichheit und Selbstbestimmungsrecht die entscheidenden Einflussgrößen für die Antwort auf die Frage einer Vergütungsverpflichtung für diese bisher kostenlos erbrachten Sozialleistungen dieser Staatsbürger.

a) Klassische „ehrenamtliche“ Dienste

Betrachten wir zuerst die Gruppe derer, die klassische bzw. typischerweise unter „ehrenamtliche“ zu verstehende Sozialleistungen für die Gemeinschaft erbringen. Diejenigen, die aus Altruismus, d.h. unter Aufwendung persönlicher Ressourcen Leistungen erbringen, ohne dafür eine Gegenleistung zu verlangen oder zu erwarten. Diejenigen, die etwas zum Wohle eines anderen oder des Gemeinwohls tun, ohne dafür eine Vergütung zu erwarten.

Die dies in freier Selbstbestimmung tun, weil sie sich an der Freude der anderen an ihrer Hilfestellung erfreuen, weil sie mit anderen kommunizieren wollen. Diejenigen, die sich selbst damit mitten drin im Leben fühlen und sich als soziale Wesen fühlen, die ihrer Verantwortung der Gemeinschaft gegenüber unaufgefordert nachkommen. Besonders interessant ist in diesem Zusammenhang, dass es sich bei diesen Sozialleistungen um Tätigkeiten handelt, welche die Lebensqualität des Mitmenschen deutlich verbessert und die in dieser Art von staatlicher Seite nicht ersatzweise erbracht werden können.

In diesem Falle scheint mir eine Vergütung dieses Engagements auf Basis eines Stundenlohnes weder gewünscht noch aus ethischer oder moralischer Sicht verpflichtend ableitbar zu sein. Aufgrund der Tatsache, dass diese ehrenamtlichen Tätigkeiten aber eine enorme soziale Bindungskraft innerhalb einer sozialen Gesellschaft entfalten, sollte dafür zumindest eine Art Anerkennungsbonus ausgeschüttet werden, der zumindest einen Ersatz der anfallenden Kosten darstellt.

Dies könnte z.B. wahlweise eine Monatskarte für den öffentlichen Nahverkehr, eine Eintrittskarte / Monat in eine der vorhandenen Kultureinrichtungen der Kommune, eine halbjährlich stattfindende Veranstaltung für alle ehrenamtlich Tätigen mit Programm und Bewirtung, der Jahresbeitrag für einen lokalen, gemeinnützigen Verein und dgl. mehr. Dies alles könnte in einem Art

Prämienkatalog zusammengestellt werden, aus dem sich jeder seine Wunschprämie aussuchen könnte.

Die Ausgabe der Prämie erfolgt über die jeweilige Institution, bei der das Ehrenamt geleistet wird. Die Kosten dafür übernimmt die Kommune. Einzige Vorgabe für einen Anspruch auf eine Prämie: es müssen mindestens 6 Std. / Monat ehrenamtliche Tätigkeiten erbracht werden.

Mit einer solchen Lösung würden gleich „zwei Fliegen auf einen Streich“ erschlagen werden. Zum einen würde ehrenamtliche Arbeit für wenig Geld aus dem Schattendasein ins Licht gerückt und deutlich gemacht werden, dass dieser Einsatz von der Gesellschaft dankbar angenommen wird. Zum anderen würden damit die vorhandenen Kultureinrichtungen, die Vereinskultur und der öffentliche Nahverkehr etc. durch die dadurch sich ergebenden zusätzlichen Nutzer gefördert werden. Und dies alles zu Preisen gem. Preisliste.

b) Atypische, ersatzweise für die Gesellschaft erbrachte, „ehrenamtliche" Dienste

Deutlich anders stellt sich die Ausgangslage meiner Meinung nach bei dem 2. Teil dieser Klassifizierungsgruppe dar. Dieser Personenkreis erbringt in großem Umfang kostenlos Arbeitsleistungen oder Geldzahlungen, die grundlegend für den sozialen Zusammenhalt und die Funktionsfähigkeit unseres Gemeinwesens sind, wie z.B. Kindererziehung, Kinderbetreuung, Elternpflege, etc..

Viele dieser Leistungen wie Kinderbetreuung oder Altenpflege werden heute in begrenztem Umfang durch den Staat zu enormen Kosten, hoch subventioniert, bereitgestellt. In wesentlichen Bereichen übersteigt die Nachfrage aktuell das Angebot bei weitem, sodass diese Leistungen von vielen Anspruchsberechtigten gar nicht genutzt werden können.

Die Bedeutung der Erbringung dieser „ehrenamtlichen" Leistungen wird in ihrer Dramatik aber erst deutlich, wenn wir uns deren positive Auswirkungen auf den sozialen Zusammenhalt unserer Gesellschaft verdeutlichen. Unterstrichen wird diese Wirkungsmacht noch durch die Tatsache, dass all diese Leistungen ersatzweise durch den Staat, also von der Gesellschaft als Ganzes erbracht werden müssten, wenn sich dieser Personenkreis wegen Überforderung, ungerechter Lastenverteilung, mangelnder Chancengleichheit oder Missachtung ihres Selbstbestimmungsrechtes weigern würde, weiterhin diese Leistungen zu erbringen.

Eine derartige Entwicklung hätte gravierende Auswirkungen auf den sozialen Zusammenhalt und den sozialen Frieden unserer Gesellschaft. Tatsache ist auch, dass der Staat diese Leistungen mangels fehlender Ressourcen nur zu einem kleinen Bruchteil ersatzweise anbieten könnte.

Neben der Betrachtung der rein sachlichen Einflussgrößen, stellt sich hier auch die Frage, inwieweit die Erbringung dieser Leistungen in eigener Entscheidungsfreiheit völlig freiwillig erfolgt. Oder ob diese nicht doch oft nur aufgrund eines enormen, gesellschaftlich verordneten psychologischen Drucks der Besonderheit der Institution „Familie / Verwandtschaft" erbracht werden. Weiterhin stellt sich die Frage, inwieweit durch dieses System und der darin etablierten kollektiven Erwartungshaltung in Verbindung mit systemischer, staatlich verordneter Fürsorgepflicht das Selbstbestimmungsrecht des Einzelnen komplett ad absurdem geführt wird.

Erschleicht sich nicht eine große Mehrheit der Bevölkerung einen riesigen geldwerten Vorteil durch dieses System der „ehrenamtlichen" Leistungserbringung? Und dies ausschließlich zu Lasten des Bevölkerungsteils (Familie, gesellschaftliches Sozialverhalten), das gemäß unserem Grundgesetz als besonders schutzwürdig ausgewiesen wird?

Die bisherigen Ausführungen machen meines Erachtens nachdrücklich deutlich, dass das aktuell praktizierte System der atypischen „ehrenamtlichen" Dienstleistungen und der damit verbundenen und als Selbstverständlichkeit eingeforderten kostenlosen Erbringung dieser Leistungen, allen Leitlinien des Grundgesetzes widerspricht. Dieses System stellt eine Gesellschaftsentwicklung ins Schaufenster der Öffentlichkeit, das vor allem durch Egoismus geprägt ist, mit dem Motto „ für mich das Meiste, das Beste" und wenig vom

Vorhandensein einer verantwortungsvollen, ausgewogenen sozialen Gesellschaft erkennen lässt.

Dies alles macht eindrücklich klar, dass diese atypischen „ehrenamtlichen" Tätigkeiten grundsätzlich genauso Anspruch auf angemessene Bezahlung haben wie aufgrund eines Beschäftigungsverhältnisses erbrachte Leistungen.

Ich bin überzeugt, dass dieser Aussage grundsätzlich viele Staatsbürger zustimmen werden. Der Knackpunkt hier ist der Ansatz einer „angemessenen" Bezahlung. Und doch ist es auch hier relativ einfach einen Konsens zu finden. Zumindest dann, wenn alle Beteiligten dem Grundprinzip „Fair Play" folgen und die allen Bürgern zugesicherten Grundrechte auf Chancengleichheit, Selbstbestimmung und angemessener Existenzsicherung konsequent berücksichtigen würden.

Der Einfachheit halber möchte ich dies am Beispiel der Kindererziehung aufzeigen. Eltern, die nachmittags zuhause bleiben, weil sie ihre Kinder nicht in eine Ganztagsschule oder Nachmittagsbetreuung geben können oder wollen, sollten dann für die von ihnen nachmittags erbrachten Leistungen /Arbeitsaufwand bezahlt werden.

Üblicherweise sind Schulkinder ab ca. 13.00 Uhr zuhause. Dies bedeutet, bezogen auf eine 8 stündige Arbeitszeit, dass nachmittags anteilig ca. 3 Std. Arbeitszeit anfallen würden. Unter Ansatz des von mir genannten angemessenen Mindestlohns von 17,00 € ergibt sich einen Monatslohn bei 40 Std./Woche von ca. 2800 €. Die vorgenannten 3 Std. entsprechen 37,5 % der Vollzeitarbeit. Daraus errechnet sich für diese Arbeitsleistung des Elternteils der zuhause bleibt ein Vergütungsanspruch von 1.050,00 €.

Bezahlt werden sollte dieses Bruttogehalt vom Sozialamt. Es ist ganz normal zu versteuern und unterliegt den üblichen Sozialabgaben. Der betroffene Elternteil hätte damit sozusagen ein angemeldetes Arbeitsverhältnis, der Arbeitgeber wäre das Sozialamt. Diese Vergütung ändert sich nicht durch die Anzahl der zu versorgenden Kinder.

Um daraus kein Bürokratiemonster zu machen, müssten wir allerdings darauf verzichten, den Zeitaufwand akribisch nach Minuten und unter Berücksichtigung aller denkbaren Besonderheiten zu berechnen. Denkbar ist hier ein realistischer pauschaler Stundenaufwand je nach Schulart und nur für Kinder bis zum Alter von 14 Jahren. Den gleichen Ansatz könnte man für die Betreuung im Hause lebender Eltern vornehmen. Die Bestimmung des Arbeitsaufwandes und damit der Höhe der Vergütung könnte in Anlehnung an die Pflegestufe erfolgen.

Schlussbetrachtung

Zusammenfassend zeigt sich aus den bisherigen Ausführungen, dass die Vergütung für den Faktor „Arbeit“ in weiten Teilen nicht den Vorgaben des Grundgesetzes entspricht, ja sogar massiv gegen entscheidende Grundsätze verstößt.

Durch die vorhandene diskriminierende Wirkung trägt dieses derzeit praktizierte Entlohnungssystem stark zur Spaltung der Gesellschaft bei. Es führt tendenziell zu einem Wachstum und der Verstetigung der aktuellen Armutsgefährdungsquote und zwingt viele Rentenbezieher der kommenden Rentnergenerationen automatisch in die Altersarmut. In die gleiche Richtung wirkt auch die bestehende gesellschaftliche Einordnung bzw. Wertschätzung ehrenamtlicher Arbeit. Das bestehende Vergütungssystem für den Faktor „Arbeit“ in allen seinen Varianten verstößt gravierend gegen den wichtigsten Grundsatz unserer Verfassung, nämlich dass alle Aktivitäten aller staatlichen Institutionen ausschließlich zum Wohle der Menschen in diesem Lande wirken und dadurch für alle ein angemessener Lebensstandard gesichert werden soll.